FULL SCORE

WSD-19-003
<吹奏楽メドレー楽譜>

映画「大脱走」より
大脱走のマーチ～追跡～フィナーレ

小長谷宗一　編曲

楽器編成表		
木管楽器	金管・弦楽器	打楽器・その他
Piccolo & Flute 3 ×1	B♭ Trumpet 1 ×1	Timpani ×1
Flutes 1 & 2 ×2	B♭ Trumpet 2 ×1	Snare Drum (2 players) ×2
Oboe ×1	B♭ Trumpet 3 ×1	Crash Cymbals & Bass Drum ×2
Bassoon ×1	F Horns 1 & 2 ×2	Xylophone, Vibraphone & Marimba ×2
E♭ Clarinet ×1	F Horns 3 & 4 ×2	Harp ×1
B♭ Clarinet 1 ×2	Trombone 1 ×1	
B♭ Clarinet 2 ×1	Trombone 2 ×1	
B♭ Clarinet 3 ×1	Bass Trombone ×1	Full Score
Bass Clarinet ×1	Euphonium ×1	
Alto Saxophone 1 ×1	Tuba ×1	
Alto Saxophone 2 ×1	String Bass ×1	
Tenor Saxophone ×1		
Baritone Saxophone ×1		

＊イタリック表記の楽譜はオプション

映画「大脱走」より
大脱走のマーチ～追跡～フィナーレ

◆ 演奏ポイント ◆

　第二次世界大戦下、捕虜になっていたポール・ブリックヒルが、自身が体験した実話をもとに描いた小説「大脱走」を戦後に出版しました。その映画化権を「OK牧場の決斗」や「荒野の七人」などの監督ジョン・スタージェスがすぐに買い取り製作されたのが、1963年に公開された映画「大脱走」です。
　舞台は第二次世界大戦中、脱走は絶対不可能といわれたドイツのルフト第3空軍捕虜収容所。劇中で捕虜となった250名の連合軍将兵たちが協力し、不屈の精神で脱走劇を繰り広げます。その中でスティーブ・マックイーン演じるヒルツが、ドイツ軍から奪い取ったオートバイで草原を疾走するシーンがいまだに目に浮かびます。
　音楽を担当したのは「十戒」や「荒野の七人」などのエルマー・バーンスタイン。特に『大脱走のマーチ』は当時ミッチ・ミラー合唱団が歌いヒットしました。
　この楽譜では『大脱走のマーチ』の他に『追跡』と『フィナーレ』で構成してあります。映画のシーンを思い浮かべながら演奏を楽しんでください。

（小長谷宗一）

◆ 小長谷宗一　Soichi Konagaya ◆

　東京芸術大学器楽科打楽器専攻卒業。在学中より作曲を始める。管楽器、打楽器のためのソロ曲やアンサンブル曲を多数作曲しているほか、全日本吹奏楽コンクール課題曲など吹奏楽のための作編曲作品も数多く残している。また同時にバレエ音楽やイベントのための作品提供、CDのプロデュースなども手掛けている。
　主な作品としては、第15回ユニバーシアード冬季競技大会（1991年札幌大会）の大会賛歌、全日本吹奏楽コンクール課題曲『風と炎の踊り』、『スター・パズル・マーチ』や、『ウインドアンサンブルのための幻想曲"不思議な旅"』、『交響組曲「鶴の港」』（長崎原爆50周年祈念委嘱作品）、『交響詩「空の精霊たち」』（航空自衛隊中央音楽隊創隊40周年記念委嘱作品）、『" The Courage"―真の勇気とは―』（第21回国民文化祭・やまぐち2006委嘱作品）、『吹奏楽のための組曲"ヨコスカの海と風"』（海上自衛隊横須賀音楽隊委嘱作品）、その他『紫式部幻想』、『吹奏楽と和太鼓のための"凛"』や『鎌倉三景』などがある。1996年に第6回日本吹奏楽学会アカデミー賞（作・編曲部門）を、2009年には日本吹奏楽指導者協会より下谷奨励賞を受賞している。
　現在、大垣女子短期大学客員教授のほか、"21世紀の吹奏楽"実行委員なども務めている。

映画「大脱走」より 大脱走のマーチ〜追跡〜フィナーレ - 2

THE CHASE
Music by Elmer Bernstein
© 1963 EMI U CATALOG INC.
All rights reserved. Used by permission. Print rights for Japan administered by Yamaha Music Entertainment Holdings, Inc.

映画「大脱走」より 大脱走のマーチ〜追跡〜フィナーレ - 3

映画「大脱走」より 大脱走のマーチ〜追跡〜フィナーレ - 4

映画「大脱走」より 大脱走のマーチ～追跡～フィナーレ - 5

映画「大脱走」より 大脱走のマーチ〜追跡〜フィナーレ - 7

映画「大脱走」より 大脱走のマーチ〜追跡〜フィナーレ - 10

80
Picc.
Fl.1,2
Ob.
Bsn.
E♭ Cl.
Cl.1
Cl.2
Cl.3
B.Cl.
A.Sax.1
A.Sax.2
T.Sax.
B.Sax.
Trp.1
Trp.2
Trp.3
Hrn.1,2
Hrn.3,4
Trb.1
Trb.2
B.Trb.
Euph.
Tub.
St.B.
pizz.
Timp.
mf
S.D.
f
C.Cymb. &B.D.
Xylo.
Hp.

映画「大脱走」より 大脱走のマーチ～追跡～フィナーレ - 15

107
to Fl.
Picc.
Fl.1,2
Ob.
Bsn.
E♭ Cl.
Cl.1
Cl.2
Cl.3
B.Cl.
A.Sax.1
A.Sax.2
T.Sax.
B.Sax.
Trp.1
Trp.2
Trp.3
Hrn.1,2
Hrn.3,4
Trb.1
Trb.2
B.Trb.
Euph.
Tub.
St.B.
Timp.
S.D.
C.Cymb. &B.D.
Xylo.
Hp.
f
mf
mp
p

ご注文について

ウィンズスコアの商品は全国の楽器店、ならびに書店にてお求めになれますが、店頭でのご購入が困難な場合、当社PC＆モバイルサイト・電話からのご注文で、直接ご購入が可能です。

◎当社PCサイトでのご注文方法
http://www.winds-score.com
上記のURLへアクセスし、WEBショップにてご注文ください。

◎お電話でのご注文方法
TEL.0120-713-771
営業時間内に電話いただければ、電話にてご注文を承ります。

◎モバイルサイトでのご注文方法
右のQRコードを読み取ってアクセスいただくか、
URLを直接ご入力ください。

※この出版物の全部または一部を権利者に無断で複製（コピー）することは、著作権の侵害にあたり、
　著作権法により罰せられます。

※造本には十分注意しておりますが、万一、落丁・乱丁などの不良品がありましたらお取り替えいたします。
　また、ご意見・ご感想もホームページより受け付けておりますので、お気軽にお問い合わせください。

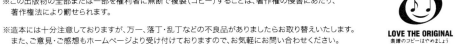

Piccolo & Flute 3

映画「大脱走」より
大脱走のマーチ～追跡～フィナーレ

Elmer Bernstein 作曲
小長谷宗一 編曲

MEMO

MEMO

Bassoon

映画「大脱走」より
大脱走のマーチ～追跡～フィナーレ

Elmer Bernstein 作曲
小長谷宗一 編曲

MEMO

Bass Clarinet

映画「大脱走」より
大脱走のマーチ～追跡～フィナーレ

Elmer Bernstein 作曲
小長谷宗一 編曲

Tenor Saxophone

映画「大脱走」より
大脱走のマーチ～追跡～フィナーレ

Elmer Bernstein 作曲
小長谷宗一 編曲

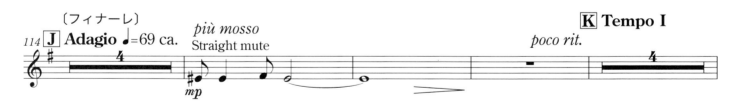

MEMO

MEMO

MEMO

MEMO

Euphonium

映画「大脱走」より
大脱走のマーチ〜追跡〜フィナーレ

Elmer Bernstein 作曲
小長谷宗一 編曲

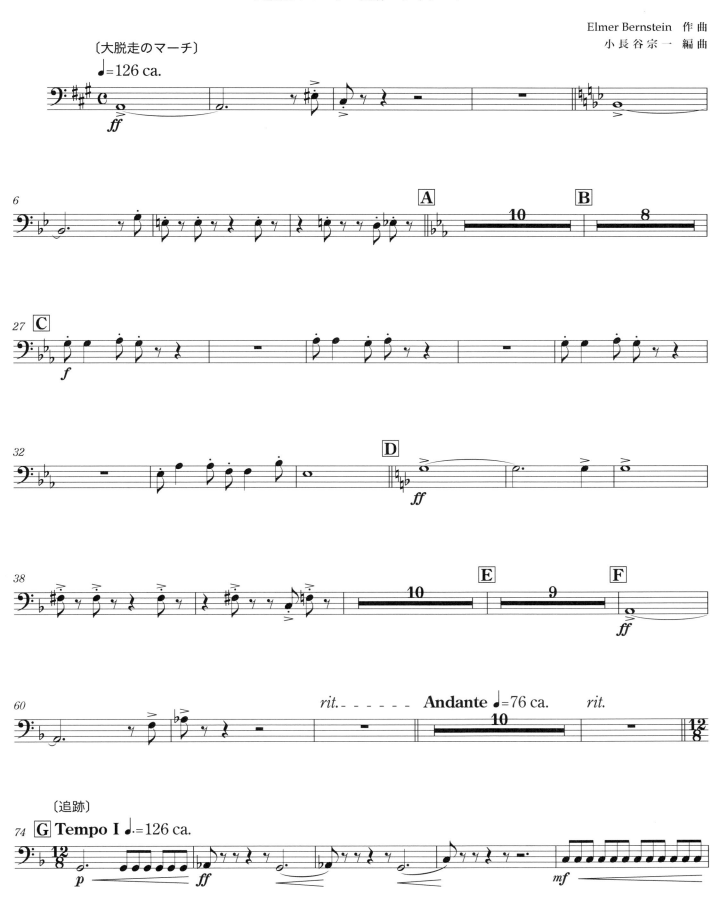

映画「大脱走」より 大脱走のマーチ〜追跡〜フィナーレ

Euphonium

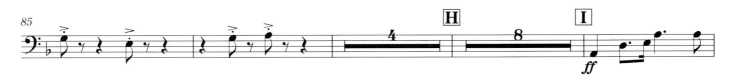

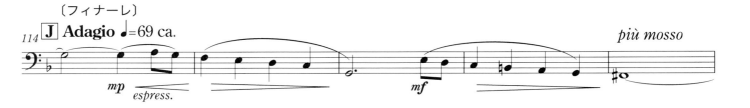

MEMO

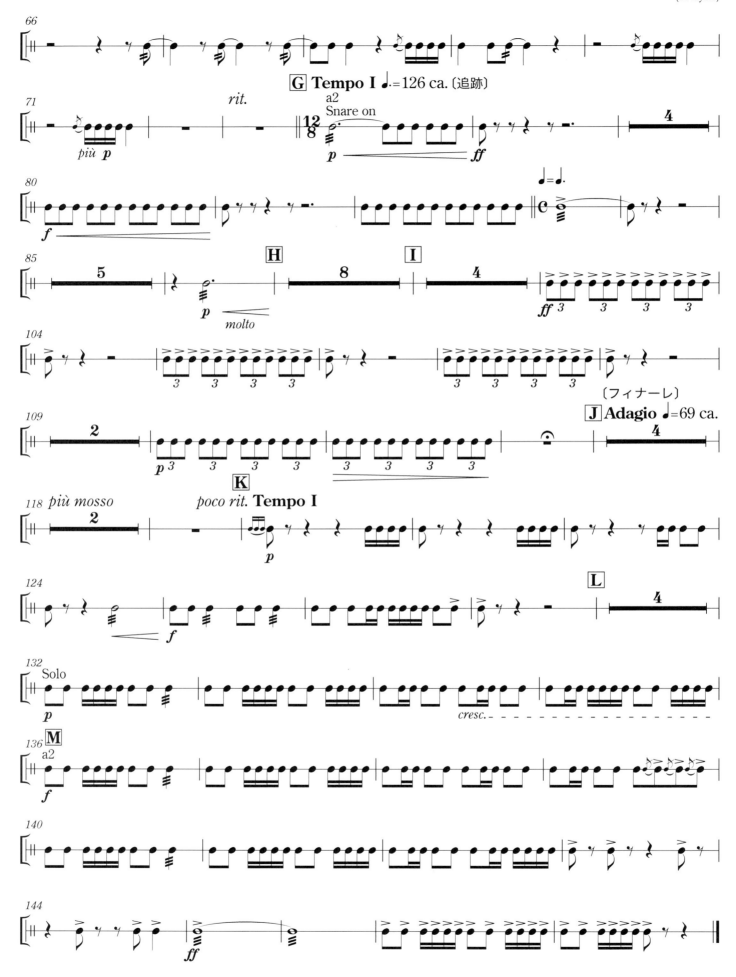

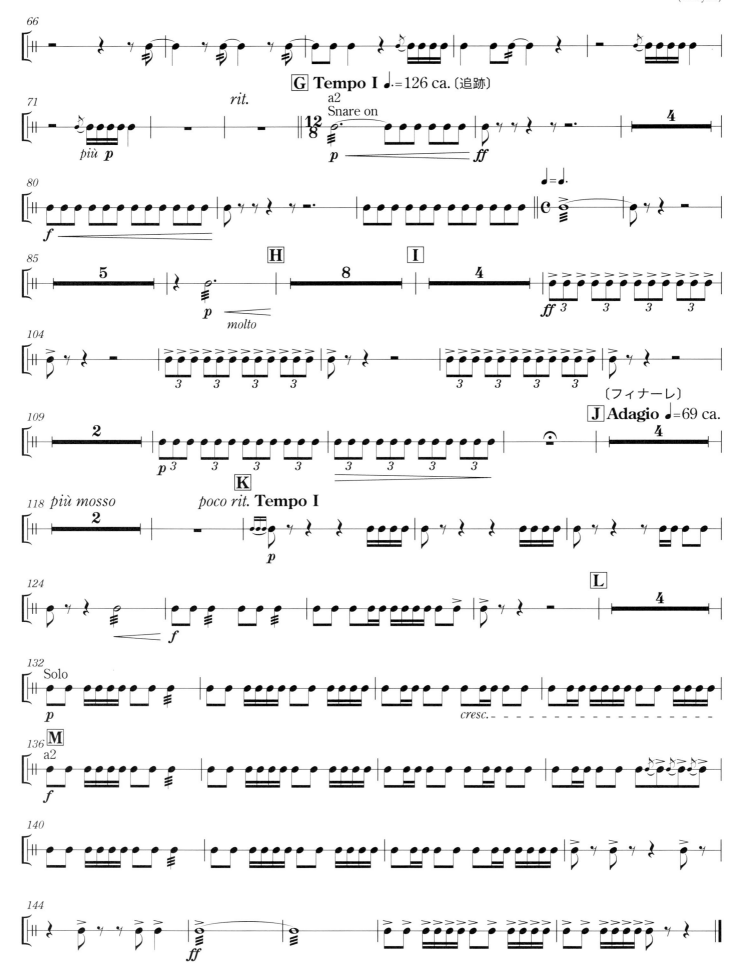

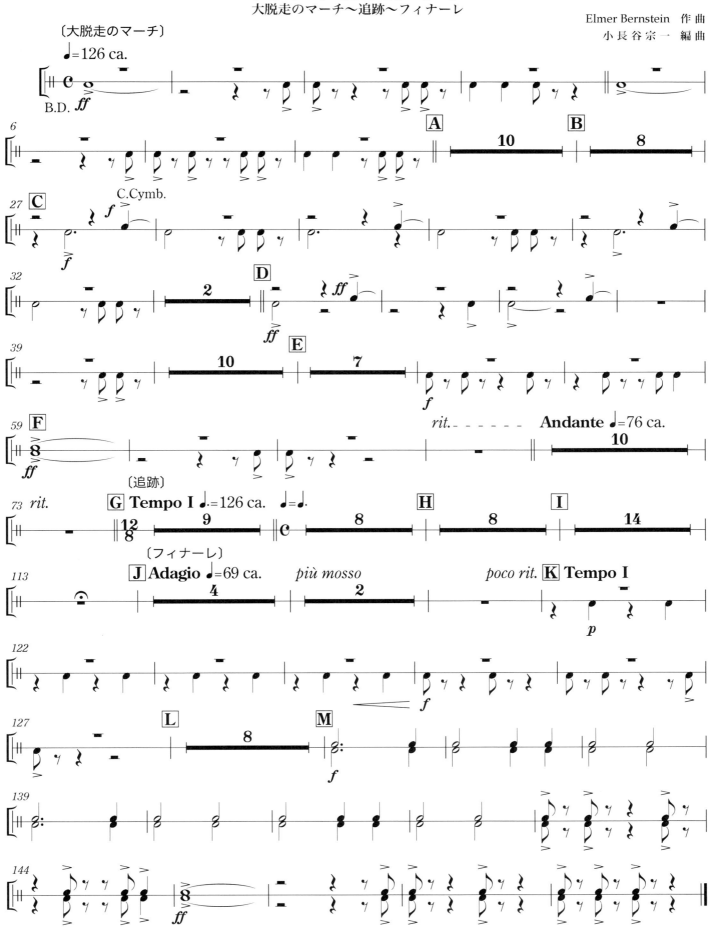

MEMO

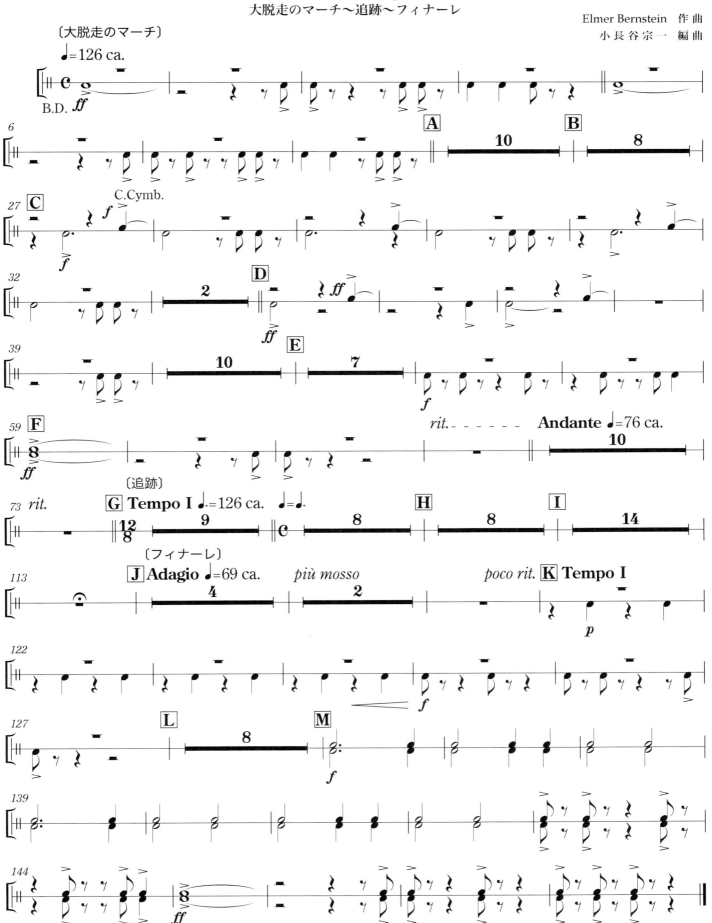

MEMO

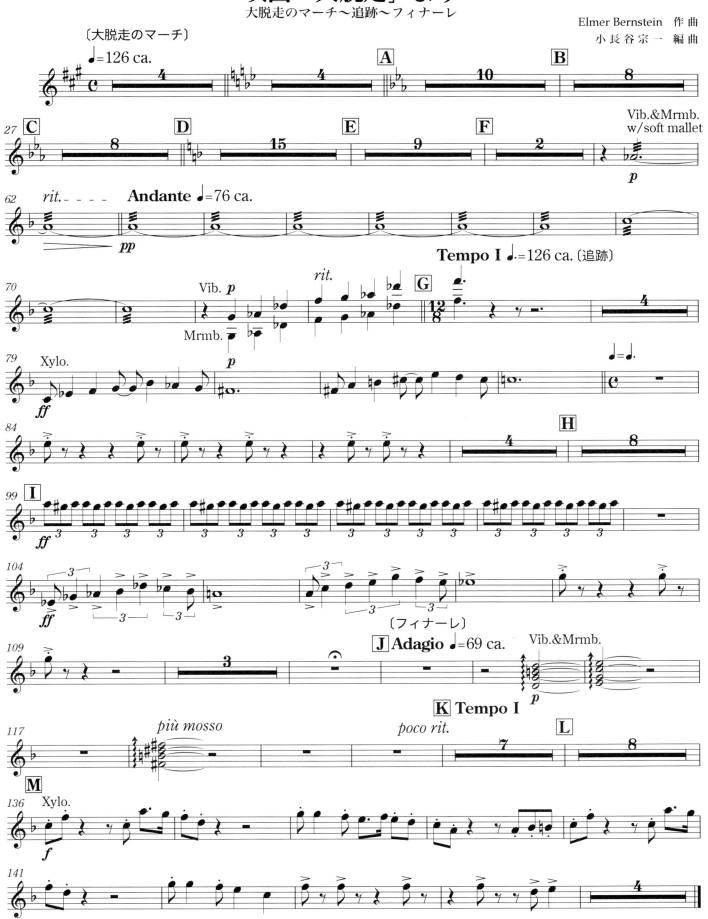

MEMO

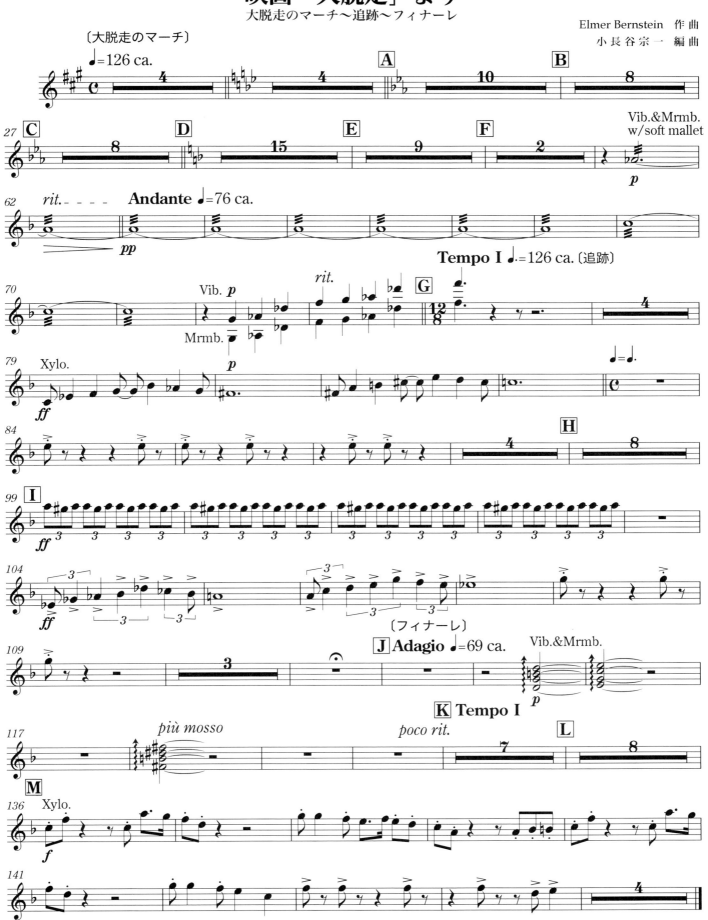

MEMO

映画「大脱走」より
大脱走のマーチ～追跡～フィナーレ

Elmer Bernstein 作曲
小長谷宗一 編曲

Harp

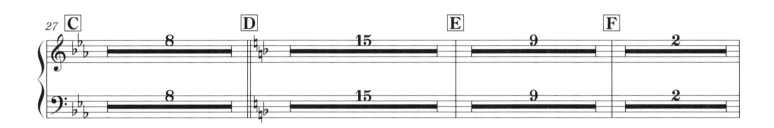
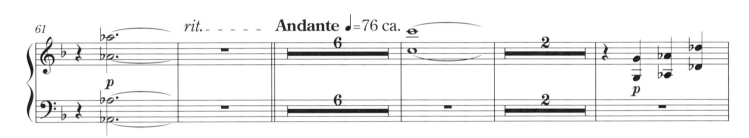
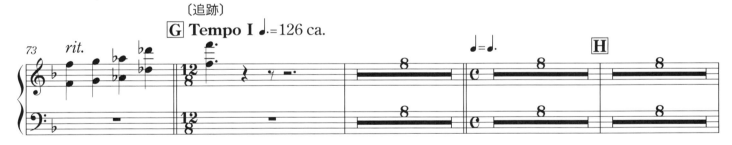

MEMO